BEI GRIN MACHT SICH IHR
WISSEN BEZAHLT

- Wir veröffentlichen Ihre Hausarbeit,
  Bachelor- und Masterarbeit

- Ihr eigenes eBook und Buch -
  weltweit in allen wichtigen Shops

- Verdienen Sie an jedem Verkauf

Jetzt bei www.GRIN.com hochladen
und kostenlos publizieren

Sascha Pliske

Lernfelddidaktik: Politische Bildung an Berufsschulen. Ein Vorbild für den allgemeinbildenden Bereich?

GRIN Verlag

Bibliografische Information der Deutschen Nationalbibliothek:

Die Deutsche Bibliothek verzeichnet diese Publikation in der Deutschen National-
bibliografie; detaillierte bibliografische Daten sind im Internet über http://dnb.d-
nb.de/ abrufbar.

Impressum:

Copyright © 2013 GRIN Verlag GmbH
Druck und Bindung: Books on Demand GmbH, Norderstedt Germany
ISBN: 978-3-656-46024-4

Dieses Buch bei GRIN:

http://www.grin.com/de/e-book/229806/lernfelddidaktik-politische-bildung-an-
berufsschulen-ein-vorbild-fuer

GRIN - Your knowledge has value

Der GRIN Verlag publiziert seit 1998 wissenschaftliche Arbeiten von Studenten, Hochschullehrern und anderen Akademikern als eBook und gedrucktes Buch. Die Verlagswebsite www.grin.com ist die ideale Plattform zur Veröffentlichung von Hausarbeiten, Abschlussarbeiten, wissenschaftlichen Aufsätzen, Dissertationen und Fachbüchern.

Besuchen Sie uns im Internet:

http://www.grin.com/

http://www.facebook.com/grincom

http://www.twitter.com/grin_com

Universität Bielefeld
Fakultät für Soziologie
Veranstaltung: Didaktik der Sozialwissenschaften (Vorlesung & Übung)
Referent: Sascha Pliske
WS 2012/2013

Lernfelddidaktik

-

Politische Bildung an Berufsschulen ein Vorbild für den allgemeinbildenden Bereich?

Sascha Pliske

Studiengang: Sozialwissenschaften als Nebenfach im 5. Semester

Gliederung

1.   Was ist die Lernfelddidaktik?

Die Lernfelddidaktik ist ein Konzept, welches 1995 von der Kultusministerkonferenz beschlossen wurde und einen Paradigmenwechsel an der Berufsschule darstellt, wobei sich das Lernen der Schülerinnen und Schüler (in der Folge als SuS abgekürzt) von der wissenschaftlichen Fachlogik – also der Vermittlung reines Faktenwissens – hin zur beruflichen Handlungslogik wandelte.

Unterstützer des neuen Konzepts argumentierten, dass berufliche Bildungsgänge auf ganzheitliche Handlungsanforderungen des Berufes vorbereiten müssen – also die Erfahrung aller betrieblichen Abläufe und deren Interaktion -, wobei die traditionelle Aufteilung in unterschiedliche Schulfächer ein Hindernis dafür darstellt, da die Fächer nur einzelne Kenntnisse auf Grundlage ihres Curriculums vermitteln. Somit würden die SuS nur einzelne Abschnitte des Betriebsablaufes kennenlernen und müssten sich die jeweilig erworbenen Kenntnisse zu einem stimmigen Gesamtbild konstruieren, was schwierig sei und nur ungenügend vorgenommen werden könne. Im Lernfeldkonzept hingegen werden die traditionellen Fächerstrukturen aufgehoben und Lernfelder geschaffen, die durch fächerübergreifende Lehrpläne in der Lage sind Betriebsabläufe detailliert darzustellen. Durch die Orientierung an die betriebliche Wirklichkeit sind die SuS ebenfalls in der Lage handlungsorientierte Lernprozesse zu durchlaufen, da der aktive Umgang mit den Betriebsprozessen nach dem Prinzip "Verstehen durch eigenes Handeln beziehungsweise Lernen wird durch Handeln unterstützt" die Ausbildung der Handlungskompetenz unterstützt. Die Handlungskompetenz als zentrales Ziel der Berufsschulpädagogik ist *"[...] die Bereitschaft und Befähigung des Einzelnen, sich in beruflichen, gesellschaftlichen und privaten Situationen sachgerecht durchdacht sowie individuell und sozial verantwortlich zu verhalten."*[1]. Weiterhin werden die Lehrpläne nicht mehr detailliert vorgegeben und bewusst offen gehalten sind, sodass das Lehrpersonal die didaktische Ausgestaltung der Lernfelder anhand weniger Kernprobleme frei gestalten kann. Dadurch wird die Möglichkeit eröffnet *"[...] aktuelle, regionale und subjektive Veränderungen [...]"*[2] in den Lehrplan einzubeziehen und somit den Unterricht näher an der Lebenswelt der SuS zu gestalten. Das Lehrpersonal nimmt innerhalb der Lernfelddidaktik die Rolle als *"Lernhelfer*

---

[1]Kultusministerkonferenz, *Die Berufsschule – Zusammenfassende Darstellung einschlägiger Beschlüsse der Kultusminsiterkonferenz,* Bonn, 2007, S.4, Unter:
http://www.kmk.org/fileadmin/veroeffentlichungen_beschluesse/2007/2007_07_20-Zusammenf-Beschluesse-Berufsschule.pdf, Letzter Zugriff: 16.02.2013, 10:16.
[2]Hannelore Wuster-Wäbs & Kordula Schneider, *Umsetzung des Lernfeldkonzepts am Beipsiel der handlungstheoretischen Aneignungsdidaktik,* In: *BWP Heft 1,* Bonn, 2001, S,45.

und Lernprozessbegleitern[3] ein, das die Voraussetzungen schaffen muss, damit die SuS selbstständig Wissen erschließen können. Weiterhin sollen Sinn und Zweck von Lehrinhalten aus einem Handlungszusammenhang heraus erkennbar sein und nicht vom Lehrkörper an die SuS herangetragen werden.[4] Außerdem wird die Lernfelddidaktik als Antwort auf sich verändernde Bedingungen der Arbeitswelt verstanden, wo nicht mehr "Befehlsempfänger", sondern eigenständige MitarbeiterInnen ausgebildet werden sollen, die mit Hilfe von Teams die Unternehmensziele erreichen sollen.[5] In der sich wandelnden Arbeitswelt sollen die MitarbeiterInnen *"[...] selbstständig Sachverhalte erkennen, im Team arbeiten können, Problemlösungsstrategien besitzen, an ihrer eigenen Persönlichkeitsentwicklung gearbeitet haben, entscheidungsfreudig [sein], Verantwortung für ihr Tun übernehmen [...]"*[6]. Diese Anforderungen sollen durch die Vermittlung der Handlungskompetenz erreicht werden, wodurch die SuS in der Lage sein sollen ihr Leben eigenverantwortlich zu gestalten.

2. Theoretische Konzeption einer lenfelddidaktischen Unterrichtseinheit

Der Unterrichtsgestaltung innerhalb der Lernfelddidaktik geht ein langer Planungs- und Konzeptionsvorgang voraus, da wie oben erwähnt die Lehrpläne relativ offen gestaltet worden sind und die Lehrenden somit für die inhaltliche Ausgestaltung verantwortlich sind. Die folgenden Phasen der Konzeptionierung einer Unterrichtseinheit sind dem Fachbeitrag von Hannelore Wuster-Wäbs & Kordula Schneider aus dem Heft 1 des Magazins *"Berufsbildung in Wissenschaft und Praxis"* entnommen[7].

So wird vom Lehrkörper in der ersten Phase *(Klärungsphase)* eine Bestandsaufnahme der Gegebenheiten vorgenommen, wobei die zu fördernden Kompetenzen, gemeinsame Ziele, Vereinbarungen über Teamarbeit, Arbeitszeiten der SuS und des Lehrkörpers, Belegpläne der Räume und der Einsatz von Materialien besprochen werden. In der zweiten Phase *(Vorbereitungsphase)* soll der Lehrende mit den SuS eine angenehme Arbeitsatmosphäre herstellen, Interessen und Wünsche wecken, gemeinsame Ziele der Unterrichtseinheit entwickeln und eine logische Struktur des Unterrichts erarbeiten. Darüber hinaus sollen bereits hier in die inhaltlichen Arbeitsschritte, Verfahrensstrukturen

---

[3]Ebd.
[4]Ebd.
[5]Vgl. Wuster-Wäbs & Schneider, *Umsetzung des Lernfeldkonzepts*, S,44.
[6]Ebd.
[7]Verfügbar unter: www.bibb.de/veroeffentlichungen/en/publication/download/id/566, S.48.

und die Organisation der Unterrichtseinheit geklärt werden. In der dritten Phase *(Produktionsphase)* werden Informationen zur Erreichung der Ziele beschafft und ausgewertet, erste Problemlösungsansätze erstellt und Handlungsalternativen entwickelt. Im nächsten Schritt soll eine begründete Entscheidung für eine Handlungsalternative getroffen werden und diese im Plenum vorgestellt werden. In der folgenden vierten Phase *(Auswertungsphase)* werden die Ergebnisse besprochen, der Lernprozess reflektiert und die Unterrichtseinheit evaluiert, um Verbesserungen an zukünftigen Unterrichtseinheiten vornehmen zu können. Die letzte Phase *(Abschlussphase)* wird erneut nur vom Lehrkörper durchlaufen, wobei intern unter Berücksichtigung der Auswertungsphase die Teamarbeit während der Unterrichtseinheit diskutiert wird, um Konsequenzen für die nächsten Lernprozesse ziehen zu können.

Weiterhin liegt der Lernfelddidaktik eine Dreiteilung in Handlungsfelder, Lernfelder und Lernsituationen zu Grunde, die aufeinander aufbauen und voneinander abgeleitet werden. Handlungsfelder stellen hierbei die oberste Einheit dar, die *"[...] zusammengehörige Aufgabenkomplexe mit beruflichen sowie lebens- und gesellschaftsbedeutsamen Handlungssituationen [darstellen], zu deren Bewältigung befähigt werden soll. Handlungsfelder sind immer mehrdimensional, indem sie stets berufliche, gesellschaftliche und individuelle Probleme miteinander verknüpfen..."*[8] Ein Handlungsfeld stellt die Grundlage für ein Lernfeld dar, deren Grundlage *"[...] die Ablaufstrukturen, die das spezifische Handeln des jeweiligen Berufes in bestimmten beruflichen Handlungssituationen wiedergeben."*[9] Außerdem können sich Lernfelder auf bestimmte Lebenssituationen beziehen, wobei der Fokus auf deren Bewältigung gelegt werden soll, da eine Problemlösung immer *"[...] zielgerichtet, prozesshaft und [...] zu einem Ergebnis [führt]."*[10] Die Lernfelder werden wiederum in Lernsituationen konkretisiert, wobei die letztere eine didaktisch aufbereitete thematische Einheit darstellt, die im Unterricht mit den SuS bearbeitet werden kann.[11] Die Lernsituationen können ebenfalls drei unterschiedliche Perspektiven einnehmen. Demnach kann man handlungssystematische, lernsubjektsystematische und fachsystematische Lernsituationen unterscheiden[12]. Erstere orientieren sich an den Ablaufstrukturen des jeweiligen Betriebes, denen ein Handlungszyklus von selbständiger Planung, Durchführung und Bewertung zugrunde

---

[8]Bettina Zurstrassen, *Das Lernfeldkonzept an Berufsschulen: Von der Chance, berufliche und politische Bildung zu vereinen,* In: *Gesellschaft-Wirtschaft-Politik* Heft 3, 2009, S.438.
[9]Wuster-Wäbs & Schneider, *Umsetzung des Lernfeldkonzepts,* S,45.
[10]Ebd.
[11]Ebd.
[12]Ebd.

liegt[13]. Hierbei werden die Inhalte der Lernsituationen durch das eigene Handeln erarbeitet und somit dem Prinzip "Verstehen durch eigenes Handeln beziehungsweise Lernen wird durch Handeln unterstützt" gefolgt. In lernsubjektsystematischen Lernsituationen bestimmten die SuS die Vorgehensweise bei der Themenerarbeitung und nehmen auch Bezug auf die "subjektiven Aneignungsstrukturen" der Klasse[14]. Fachsystematische Lernsituationen hingegen unterliegen bei der Erarbeitung der Inhalte der Fachlogik und nicht der Handlungslogik, wie bei der handlungssystematischen Lernsituation[15]. Somit gibt hier das Unterrichtsfach die Themen und die Art ihrer Erschließung vor.

3. Unterrichtsbeispiel

Nachdem ich die theoretische Konzeption dargelegt habe, soll auch eine praktische Umsetzung des Konzepts angeführt werden, sodass die Möglichkeit besteht Theorie und Praxis verbunden zu betrachten. Das folgende Beispiel eines Lernfeldes stammt vom Niedersächsischen Kulturministerium für den Ausbildungsberuf für Landwirte[16]. Das zu betrachtende Lernfeld behandelt, wie Agrarwirte *"Getreide wirtschaftlich und umweltgerecht erzeugen und vermarkten"* können und umfasst im zweiten Lehrjahr 60-80 Unterrichtsstunden.

Innerhalb des Lernfeldes wurden im Vorfeld unterschiedliche Ziele formuliert, wonach die SuS betriebliche Zusammenhänge analysieren sollen und deren Auswirkung auf die Getreideerzeugnisse untersuchen sollen. Weiterhin sollen die SuS Bodenbearbeitungsmaßnahmen planen, die den Ansprüchen des Getreides, der sachgerechten Aussaat und den Bodenverhältnissen Rechnung tragen sollen. Anschließend sollen sie die Bestandsentwicklung beobachten, dessen Nährstoffbedarf ermitteln und einen pflanzen- und umweltgerechten Düngereinsatz planen. Weiterhin sollen die SuS standorttypische Unkräuter, Schädlinge und Krankheiten bestimmen und Pflegeverfahren nach pflanzenbaulichen, wirtschaftlichen und ökologischen Erfordernissen auswählen. Schlussendlich sollen unterschiedliche Absatzmöglichkeiten verglichen werden und die Wirtschaftlichkeit vom Getreidebestand kalkuliert werden.

Bereits an der Zielvorgabe werden unterschiedlichste Erfordernisse deutlich, sodass die SuS mit unterschiedlichsten Gesichtspunkten ihres Ausbildungsberufs konfrontiert werden,

---

[13]Ebd.
[14]Ebd.
[15]Ebd.
[16]Niedersächsisches Kultusministerium, *Materialien für Lernfelder,* Unter:
http://www.nibis.de/nli1/bbs/archiv/rahmenrichtlinien/lernf.pdf, S. 28f., Letzter Zugriff: 17.02.2013, 16:50.

die ihre Wurzeln in diversen wissenschaftlichen Disziplinen haben.

Eine von vielen möglichen Lernsituationen kann in diesem Lernfeld der Vergleich von der Wirtschaftlichkeit unterschiedlicher Produktionsverfahren einnehmen. So nimmt die Lernsituation einen untergeordneten Schwerpunkt im Lernfeld ein und ermöglicht den SuS eine detaillierteren Einblick in den Ausbildungsberuf.

Diese Lernsituation umfasst 10 Unterrichtsstunden und stellt die Frage, ob die Umstellung von Futterweizen auf Qualitätsweizen eine lohnende Veränderung wäre.

Hierbei müssen die SuS Kostenpositionen strukturiert zusammenfassen, die Leistung und Kosten eines Produktionsverfahren feststellen, mit Hilfe von EDV-Kenntnissen Tabellenkalkulationen erstellen, betriebsinterne Informationen recherchieren und in Sinnzusammenhänge bringen und diese auswerten. Weiterhin müssen sie die Ergebnisse anschaulich präsentieren, mit betriebsinternen Daten verantwortungsbewusst umgehen, zuverlässig im Team arbeiten und in der Lage sein, die angewandten Methoden und erlernten Fähigkeiten auch in ähnlichen Situationen anzuwenden.

Aus diesem Anwendungsbeispiel wird deutlich, dass mit Hilfe der Lernfelddidaktik und der Erstellung eines Lernfeldes, welches aus der beruflichen Handlungslogik gespeist wird zu diversen Lernsituationen führen kann, welche die unterschiedlichsten Teilaspekte eines Berufes und der wissenschaftlichen Disziplinen beleuchten können.

4. Einbindung des Unterrichtsfaches Politische Bildung in die Lernfelddidaktik

Auch die politische Bildung als eigenständiges Unterrichtsfach wurde im Zuge der Reform in das Lernfeldkonzept einbezogen. Dies führte zu kontroversen Diskussionen, da sich Kritiker die Frage stellten, ob die Politische Bildung als Teil eines Lernfeldes noch in der Lage sein würde, die SuS zu mündigen Bürgern zu erziehen. Das Schulministerium des Landes Nordrhein-Westfalens sieht die Funktion des Faches folgendermaßen:

"Die Perspektive des Faches Politik trägt dazu bei, dass die Lernenden politische, gesellschaftliche und wirtschaftliche Strukturen sowie relevante Probleme und Gegebenheiten, aber auch das Handeln von Individuen und Gruppen unter Berücksichtigung der dahinterliegenden Wertvorstellungen und Interessen verstehen sowie kompetent beurteilen können. Sie hilft dabei, dass Schülerinnen und Schüler in die Lage versetzt werden, ein möglichst dauerhaftes und belastbares politisch-demokratisches Bewusstsein

auszubilden, das sie dazu befähigt, ihre Rollen als mündige Bürgerinnen und Bürger in der Demokratie wahrzunehmen und politische, gesellschaftliche sowie ökonomische Prozesse aktiv mit zu gestalten."[17]

Die Gegner der Einbindung des Faches Politische Bildung argumentieren, dass der Bildungsauftrag der Berufsschulen darin besteht eine berufliche Grund- und Fachausbildung, sowie den Ausbau der Allgemeinbildung voranzutreiben[18]. So finden zwar die Schlüsselprobleme politischer Bildung Widerklang in den Vorgaben der Kultusministerkonferenz – also Themen wie *"Arbeit und Arbeitslosigkeit, Friedliches Zusammenleben von Menschen, Völkern und Kulturen in einer Welt unter Wahrung kultureller Identität, Erhaltung der natürlichen Lebensgrundlage, sowie Gewährleistung der Menschenrechte"[19]*, jedoch waren die Prüfungsgegenstände in Wirtschafts- und Sozialkunde in erster Linie betriebsbezogen und nahmen sich nur dem Thema der Arbeit und Arbeitslosigkeit an[20]. Daher würde die Politische Bildung in Verbindung eines Lernfeldes die SuS nicht zur Mitgestaltung der Arbeitswelt und Gesellschaft unter sozialen und ökologischen Gesichtspunkten befähigen. Die fehlenden Themen lassen den Schluss zu, dass die Politische Bildung in Lernfeldern ihren Auftrag nicht wahrnehmen kann, da die Lehrpläne zu Gunsten der Betriebsabläufe gestalten werden und gesellschaftliche Probleme nicht genügend berücksichtigt werden. Da jene Probleme – als zentrale Gesichtspunkte der politischen Bildung – vernachlässigt werden, führt die Konzentrierung der Lehrpläne auf die Betriebsabläufe zu einer Marginalisierung des Faches innerhalb der Lernfelddidaktik. Weiterhin wird bemängelt, dass innerhalb der Lernfelder die Politische Bildung auf die reine Vermittlung von Sachkompetenzen beschränkt bliebe und politische Inhalte auf der Ebene des faktenorientierten und reproduktiven Lernen verharren und somit keine Kompetenzen vermittelt werden, die problemorientierte Analysen politischer Konflikte ermöglichen[21]. Weiterhin bemängelt man die fehlende wissenschaftliche Ausrichtung politischer Bildung an Berufsschulen, da durch die fehlenden Problemanalysen Erklärungsansätze für berufsbezogene Handlungen fehlen[22]. Darüber hinaus bergen auch die offenen Lehrpläne Konfliktpotential, da nun größere

---

[17] Schulministerium NRW, *Fachspezifische Perspektive des Fachs Politik*, Unter: http://www.schulministerium.nrw.de/BP/Unterricht/Faecher/Lernbereich_Gesellschaftslehre/Perspektiven_und_ Zusammenwirken/Politik/index.html, Letzter Zugriff: 16.02.2013, 10:10.
[18] Kultusministerkonferenz, *Berufsschule*, S. 3.
[19] Kultusministerkonferenz, *Berufsschule*, S. 4.
[20] Vgl. Zurstrassen, *Lernfeldkonzept an Berufsschulen*, S. 441.
[21] Ebd.
[22] Vgl. Zurstrassen, *Lernfeldkonzept an Berufsschulen*, S. 442.

Anforderungen an der konzeptionellen Ausgestaltung des Unterrichts gestellt werden[23]. Außerdem führen Kritiker an, dass die Einführung der Lernfelddidaktik ohne die Mitarbeit wissenschaftlicher Arbeitskreise konzipiert wurde, wodurch dem Konzept bis heute didaktische und wissenschaftliche Theorien fehlen, die das Lernfeldkonzept fachgerecht untermauern und somit die Einführung in den Berufsschulen unterstützen würde[24].

Die Befürworter der Einbindung des Faches in die Lernfelddidaktik sehen dieses Konzept als Antwort auf aktuelle Probleme an. In den letzten Jahrzehnten verloren die Menschen immer mehr Interesse an politische Themen und somit auch an dem Unterrichtsfach. Demnach zeigen Studien, dass nur 14% der Haupt- und Realschüler Interesse an politischen Themen haben, wobei diese in der Mehrzahl die Berufsschulen besuchen[25]. So ermöglicht das neue Konzept, dass auch SuS erreicht werden, *"[...] die aufgrund ihrer sozialen Herkunft bzw. Ihrer intellektuellen Voraussetzungen schwer Zugang zu akademisch ausgerichteten politisch-ökonomischen Bildungsinhalten finden."* [26]

Durch das fehlende Interesse der Jugendlichen, die Berufsschulen besuchen, an politischen Problemen könnte es hingegen Sinn machen politische Aspekte mit beruflichen zusammenzubringen, da handlungsorientierten Aspekte des Berufes eine höhere Handlungsrelevanz für die SuS besitzen[27]. So vermag die Verbindung des Faches mit dem Konzept möglicherweise auch, dass die SuS neben dem inhärenten Praxisbezug der Berufsschule eine neue – theoretische – Perspektive hinzugewinnen, wodurch sie befähigt werden ihr Wissen auch bei der Reflexion gesellschaftlicher und politischer Situationen anzuwenden[28]. Weiterhin argumentieren die Befürworter, dass viele Probleme erst durch Arbeitsprozesse herbeigeführt werden, sodass es wichtig erscheint den SuS darzulegen, dass auch die Betriebsabläufe ihres Unternehmens gesellschaftliche, soziale oder ökologische Probleme nach sich ziehen können und berufliches Handeln somit auch gesellschaftliche Verhältnisse (re-)produziert[29]. Darüber hinaus können politische Entscheidungen die spätere Arbeitswelt der SuS betreffen, wenn beispielsweise neue Arbeitnehmerschutzgesetze oder neue Umweltverordnungen beschlossen werden[30]. Aber auch das Wissen über politische Bestimmungen oder Besonderheiten, die den erlernten Beruf betreffen, könnten die SuS als berufliche Qualifikation vorweisen, um somit

---

[23]Vgl. Wuster-Wäbs & Schneider, *Umsetzung des Lernfeldkonzepts*, S,47.
[24]Vgl. Zurstrassen, *Lernfeldkonzept an Berufsschulen*, S. 437.
[25]Vgl. Zurstrassen, *Lernfeldkonzept an Berufsschulen*, S. 445.
[26]Ebd,.
[27]Ebd.
[28]Vgl. Zurstrassen, *Lernfeldkonzept an Berufsschulen*, S. 444.
[29]Ebd.
[30]Ebd.

spezialisiertere Aufgabenfelder zu übernehmen[31]. Des Weiteren bergen berufliche Tätigkeiten auch immer politische Handlungen in sich, da Arbeitsabläufe legitimationsbedürftig sind, wenn beispielsweise Themen des Umweltschutzes oder Interessen der Arbeitnehmer betroffen sind[32]. Außerdem ermöglicht die Verbindung die *biografische Passung* des Faches, da sich die SuS im Übergang vom Schulalltag und beruflichen Arbeitswelt befinden, wobei Politische Bildung möglicherweise die Anpassungsschwierigkeiten beseitigen kann, wenn sie sich an Betriebsabläufen orientiert[33].

Freilich ist es schwer endgültig zu klären, ob bei diesem Thema die positiven oder negativen Seiten schwerer wiegen. Dennoch lässt sich feststellen, dass das neue Konzept enorme Chancen für die berufliche Bildung bieten kann, wenn in der Zukunft dafür gesorgt wird, dass die Lernfelder vermehrt mit politischen Themen und Theorien unterfüttert werden, um die Allgemeinbildung zu fördern und die SuS zu mündigen BürgerInnen zu erziehen.

---

[31]Ebd.
[32]Ebd.
[33]Vgl. Zurstrassen, *Lernfeldkonzept an Berufsschulen*, S. 444f.

5. Literatur

Hans Herbert Beckheuer, *Das Lernfeldkonzept an der Berufsschule: Pädagogische Revolution oder bildungspolitische und didaktische Reformoption?*, In: *Gewerkschaft, Erziehung, Wissenschaft,* Frankfurt, 2001.

Thilo Harth, *Politisches Lernen und berufliche Lernfelder,* In: *kursiv – Journal für politische Bildung,* Heft 1, 2010.

Kultusministerkonferenz, *Die Berufsschule – Zusammenfassende Darstellung einschlägiger Beschlüsse der Kultusminsiterkonferenz,* Bonn, 2007.

Niedersächsisches Kultusministerium, *Materialien für Lernfelder,* Stand 2001, Unter: Unter: http://www.nibis.de/nli1/bbs/archiv/rahmenrichtlinien/lernf.pdf.

Schulministerium Nordrhein-Westfalen, *Fachspezifische Perspektive des Fachs Politik,* Unter: http://www.schulministerium.nrw.de/BP/Unterricht/Faecher/Lernbereich_Gesellschaftslehre /Perspektiven_und_Zusammenwirken/Politik/index.html.

Hannelore Wuster-Wäbs & Kordula Schneider, *Umsetzung des Lernfeldkonzepts am Beipsiel der handlungstheoretischen Aneignungsdidaktik,* In: *BWP Heft 1,* Bonn, 2001.

Bettina Zurstrassen, *Das Lernfeldkonzept an Berufsschulen: Von der Chance, berufliche und politische Bildung zu vereinen,* In: *Gesellschaft-Wirtschaft-Politik,* Heft 3, 2009.

Bettina Zurstrassen & Denise Müller, *Politische Bildung an Berufsschulen: Warum tun sie nicht, was sie wissen?,* In: *Politik unterrichten,* Heft 1, 2011.